**Este libro es dedicado a mis hijos – Mikey, Kobe y Jojo.
Nuestra ansiedad no viene de pensar en el futuro, viene de querer controlarlo.**

Copyright © Grow Grit Press LLC. Todos los derechos reservados. Ninguna parte de este libro puede ser reproducida sin la autorización escrita del editorial. Favor de hacer órdenes a por mayor a growgritpress@gmail.com 978-1-953399-99-1 Impreso y ensamblado en EE. UU. Traducido por Natalia Sepúlveda.

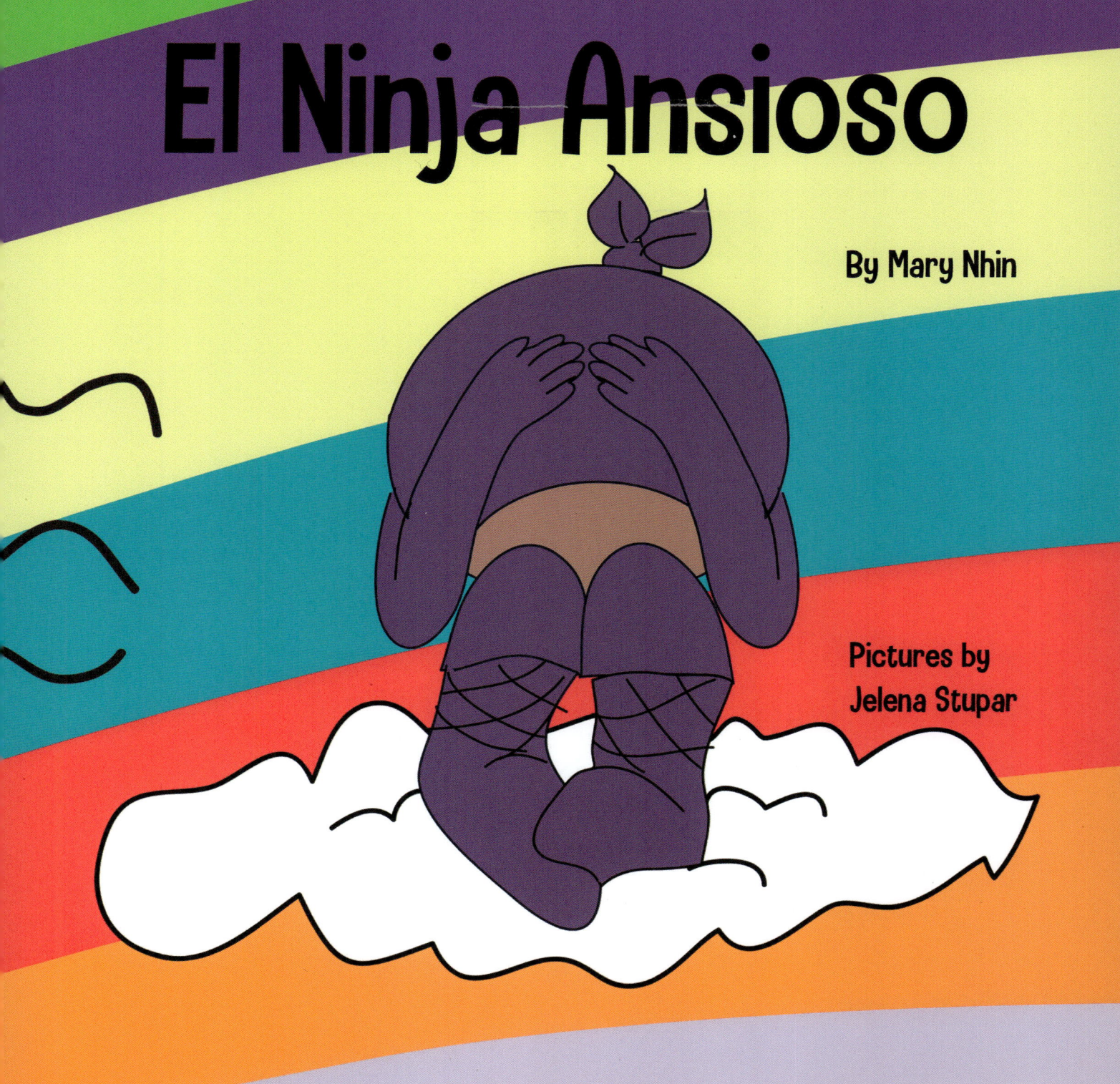

El Ninja Ansioso solo tenía que llegar sobre la cuesta para ganar. El corrió y corrió hasta que cruzó la línea de meta. ¡Primer lugar!

¡Vas a tener mucho éxito en La Carrera de los Guerreros Ninja este fin de semana! —dijo el Ninja Positivo al terminar en segundo lugar.

Pero ese era el problema. Cuando se trataba de las practicas, el Ninja Ansioso era inalcanzable. Era el mejor.

Pero cuando era el tiempo de competir, sus manos le sudaban. Su corazón se le aceleraba. Y su mente seguía pensando en cosas que no podía controlar.

Cuando su mente se enfocaba en ganar o perder, su rendimiento comenzaba a caer. Y su ansiedad era la causa de no poder dar lo mejor de sí mismo.

El Ninja Animoso reconoció el patrón. "Es normal sentir ansiedad. Todos la sentimos. Cuando estaba entrenando en El Triatlón de los Guerreros Ninja, todos esperaban que ganara. ¿Y sabes qué ocurrió?" preguntó el Ninja Animoso.

Cuando te pones nervioso, solo recuerda la estrategia de las tres "R":

Reconoce cuando estás pensando en situaciones que no puedes controlar.

Relájate respirando lento y profundamente.

Reenfócate con mantras positivas cómo: "Todo estará bien después que de lo mejor de mí".

En ese fin de semana, el Ninja Ansioso se alineó junto a los otros corredores en la competencia. Él tenía una meta en mente.

Su enfoque estaba al nivel más alto. Y cuando la pistola disparó señalando el inicio de la carrera, el Ninja Ansioso se sintió bien.

A medida que avanzaba la carrera, estaba claro que él tenía ventaja.

Pero al quedarle solo dos vueltas en la carrera, sus pensamientos comenzaron a desviarse hacia la línea de meta.

Él necesitaba recordar lo que el Ninja Animoso le enseñó… y rápido. ¿Qué fue lo que le dijo su amigo?

La estrategia de las tres "R"

Él reconoció y se dio cuenta en donde sus pensamientos estaban.

Se relajó al respirar profundo.

Después, reenfocó toda su energía en el presente y en lo que podía controlar. Su esfuerzo.

"Esfuérzate. Esfuérzate," se repetía así mismo.
Él sonaba cómo un disco rayado, pero era su mantra.
Y de repente. Cruzó la línea de meta...

Desde ese día en adelante, el Ninja Ansioso todavía le daba ansiedad, pero la diferencia era que ahora sabía controlarla, en vez de controlarlo a él.

Se el primero en conocer más sobre los lanzamientos de libros nuevos en GrowGrit.co

📷 @marynhin   @GrowGrit
#NinjaLifeHacks

f Mary Nhin   Grow Grit

▶ Grow Grit

Printed in Germany
by Amazon Distribution
GmbH, Leipzig